VIAGEM, ESPERA

PAULO NEVES

Viagem, espera

40 poemas e outros escritos

COMPANHIA DAS LETRAS

Capa
Angelo Venosa

Imagem de capa
Cy Twombly (1928-), *Leda and the Swan*, 1962
Óleo, lápis e pastel sobre tela, 6'3" × 6'6 3/4"
The Museum of Modern Art, Nova York, NY, Estados Unidos
Obra adquirida do espólio de Lillie P. Bliss por troca (612.1994)

Revisão
Ana Maria Barbosa
Cláudia Cantarin

Dados Internacionais de Catalogação na Publicação (CIP)
(Câmara Brasileira do Livro, SP, Brasil)

Neves, Paulo
Viagem, espera : 40 poemas e outros escritos. — São Paulo : Companhia das Letras, 2006.

ISBN 85-359-0817-X

1. Poesia brasileira I. Título.

06-2168 CDD-869.91

Índice para catálogo sistemático:
1. Poesia : Literatura brasileira 869.91

[2006]

EDITORA SCHWARCZ LTDA.
Rua Bandeira Paulista 702 cj. 32
04532-002 — São Paulo — SP
Telefone: (11) 3707-3500
Fax: (11) 3707-3501
www.companhiadasletras.com.br

40 POEMAS

"Que triste não saber florir!
Ter que pôr verso sobre verso, como quem constrói um muro
E ver se está bem, e tirar se não está!...
Quando a única casa artística é a Terra toda
Que varia e está sempre bem e é sempre a mesma."

Alberto Caeiro, *O guardador de rebanhos,* XXXVI

Um velho

Num casebre de madeira
um velho se apóia à janela
e olha, talvez, o entardecer.
Atrás dele, atravessando
o interior da pequena peça
onde uma luz parece brotar
do espaço que ele habita,
uma janela oposta se abre
deixando ver, muito próxima,
a escuridão de uma floresta.
Mais funda é a intimidade
transparente do casebre.

O jovem

O jovem é como Ícaro:
quer conhecer a vertigem
do vôo e da queda,
quer habitar a imagem
que julgou ter decifrado
e deixará como um sonho.
Como a luz das estrelas
não sabe o que é perecer,
e se lhe choram a memória
perguntará: por quê?
As manhãs se renovam
sem nenhuma explicação.

Menino Deus

A criança olhava o céu
e via um ponto onde o céu
parecia ter se dobrado
e afundado no tempo.
Tudo então que estava perto
e com seu corpo coexistia,
o rio, os morros, a rua,
as palmeiras altas, o vento,
pairava já na lonjura
e era saudade e doía.

Nós, estrangeiros

Amigos, nosso encontro
foi avistar terra nova,
foi partilhar nossos sonhos
desde mares antigos.
Fundamos a nossa origem
uns nos outros, estrangeiros,
nós que víamos em nós
um mistério, uma alegria,
e nos sabíamos sós,
irmãos em poesia.

Lisboa

Recordo a noite da chegada,
o desembarque do navio,
meu pés tocando teu chão,
teu ar frio o meu rosto,
a solidão que eu sentia.
Eu ali sem compreender
o que dizia a noite aberta,
despertando para um sonho,
perguntando-me quem eras, Lisboa,
que me fazias querer meu querer.

Pessoa

No fingimento de teus versos
descobri que a língua podia
sentir-me fora de mim.
Eu também quis ser toda gente
e em toda parte traduzir-me.
Sou o outro que fui outrora?
Em meus versos, mais compacto,
o teu sentimento ainda soa.

Sob a folhagem

Deitado de costas,
cabeça apoiada num livro,
olho a folhagem
esquecido do que li.
Um vento sopra
e a dança das folhas, livres,
evoca-me a lembrança
do que estava esquecido ali.

A Argelina de Corot

O véu e o vestido, a cor do deserto.
O rosto esculpido, de pedra.
No fundo dos olhos negros
uma fonte de juventude eterna.
As mãos cruzadas no regaço
e numa delas um livro, fechado,
que os dedos penetram
como areia entre as páginas.

Van Gogh

Seus olhos azuis fulminados.
O amarelo, a luz contorcida.
Corvo, cipreste, girassol.
E aquela vontade agressiva
de raspar, arrancar à unha
a pele podre da vida
e pintar, pintar, pintar
a espessura do que ele via.

Francesco

Não foi virtude
o que ele viu na pobreza
mas o último véu da carne
e esta certeza quase maligna:
nada existe além da carne.
E a carne é somente um meio
de abordar o enigma
que há na carne,
de receber os estigmas
que só se lêem na carne.

Maborosi

Da última vez que ela o viu,
ele saiu andando,
levava um guarda-chuva.
Seu amor sem esperança
ficou ali parado
como um coração na chuva.

O Medo

Água passando
de um vaso a outro
num murmúrio.
De repente um salto
e o mergulho na infância:
o medo de ser sugado
por uma vida estranha
ao entrar num quarto escuro.

Bifurcação

Nos planos do Criador
há linhas tortas, movimentos
brownianos, imbróglios,
veredas que se bifurcam,
caminhos que nos afastam
do que mais amamos.
Mas seguimos de mãos dadas
em nosso quarto de irmãos
onde não passam os anos.
Da luz apagada resta o calor.

Milagre

Chuva forte, no verão.
A água que enchia o copo
abandonado no pátio
tinha um gosto de milagre.
Ainda recordo esse gosto
comum e extraordinário
e o choque sem alarde
do meu pensamento ingênuo:
eu bebo a água do céu,
o grande cabe no pequeno!

O mar

Ver o mar
a primeira vez
é descobrir
profundamente
o que é amar:
sentir o abraço
do que não se pode
abraçar.

A praia ao amanhecer

Uma difusa claridade
sonha nas areias úmidas.
Os pés vão bordando
a linha indecisa da espuma.
E do infinito roçar
dessa pele granulada
ainda coberta de bruma
emerge o sol, alaranjado,
como um fruto do mar
que a mão pudesse colher.

Pasto

Meus olhos na relva
onde as ovelhas pastam.
O sol declina os tons do verde
e a paz do campo me domina
como um cheiro imemorial.
O frio da relva é macio,
dá vontade de ser um focinho
e fechar os olhos.
Eu sei um segredo da terra.
Eu pasto.

O arroz

Do arrozal que se vê da estrada
ao arroz servido no prato,
quantas mãos, quantas máquinas,
quantas altas e baixas de cotações,
para se poder apreciar o sabor
exatamente humano de seu grão.
O olho esperto do lavrador
observa as nuvens no horizonte
e ele pensa no preço do óleo diesel
com as mãos suadas ao volante do trator,
enquanto pererecas vão saltando
na lama de onde brota o arroz.

A borboleta

Ela passeia sozinha
sem rumo e sem rumor.
Aparece, embora ela seja
no incerto modo uma essência,
pois basta uma só borboleta
para que o ar se perfume
e a gente queira adejar
com ela nas adjacências.

Madrugada

Um gato preto no asfalto,
a poça de luz branca
de uma lâmpada de mercúrio.
Na rua deserta germina
uma incandescência fria
como a da lua sobre um pinheiro.

Invocação

O que peço à poesia:
não que ela me baste
mas que me dê
a medida do possível,
a certeza do que basta.
(E a poesia me pede:
não o que ainda falta
mas o que excede
à palavra mais exata,
a plenitude sensível.)

Na estrada

A lua brincava entre as nuvens
e os morros saltavam para pegá-la.
Só se ouvia o rumor do ônibus
abrindo o rolo escuro da paisagem.
E então, junto a uma perambeira,
abanando ao passante as folhas largas
como a desejar boa viagem,
sorriu a peregrina bananeira.

A clareira do bosque

No bosque da gruta
onde os crentes vêm rezar,
deixando inscrições em pedra
de graças alcançadas,
desce um riacho como um véu
ou como um raio de sol
filtrado entre as árvores,
e a sombra desse lugar
sobe até o azul que floresce
lá no alto, inalcançável.

Estátua grega

A estátua de olhos cegos,
sem um braço,
coberta de musgo e líquen,
abandonada num jardim de hotel.
Nada, nem ornamento
nem lembrança do passado.
Jaz ali, duas vezes arruinada,
presa no próprio estupor,
mas segredando uma palavra
pela boca entreaberta.

Homem-sanduíche

O que exprime esse homem
prensado entre as placas
do anúncio "compra-se ouro"?
ruína? humilhação? o mudo
espelho da multidão?
Seu olhar postiço como a cabeça
me atinge e me faz discernir
no traço grotesco imposto de fora
o esforço por existir
que o anima por dentro.

Cidade Baixa

Passos de assombração
na calçada estreita e vazia.
Sobrados cheirando a mofo.
A luz de um vitral espia,
geme no bar um violão.
Homens rindo e falando alto.
Mas logo os sons vão diminuindo
como um bonde de outrora que se afastasse.

Retrato

A imagem de minha mãe
não se guardou, quando menina,
em nenhum retrato,
ficou só no fundo de espelhos.
Mas meu filho desenhou
o rosto dela aos oito anos
a partir de seus olhos de anciã.
Neles se guardou a graça da infância.

Meu pai

Como dizer o sentimento exato
do que se passou entre nós?
Palavras breves, aproximação
pelas pontas, justamente,
porque tivemos tão pouco contato.
Reserva de insondável coração
que o tempo me fez descobrir,
poema, tarefa de eternidade:
viver a memória de meu pai
como um sentimento por definir.

O amor em si

Não existe amor sem tributo
ao que não é amor.
E amar é somente um nome
do que ainda falta ser
o outro amado em si.
Mas neste ausente se crê
porque amar, no fundo,
é crer no amor.
E assim, sem atributo,
o amor só existe em si.

Violão

Quantas noites encontrei
em teu bojo uma alegria
pequena mas verdadeira,
dois corpos em sintonia.
Mesmo em silêncio, num canto
de parede onde repousas,
és ainda o confidente
do meu inaudível canto.

Filhos de Gandhi

Batuque bom,
batuque manso
que vem da rua.
Estão chamando?
Eu vou descendo
quase sem perceber.
Das altas montanhas
as águas do Ganges também
descem, não param de crescer.
Ó descendência incontável de um som!

O futebolista

Há muito ele já percebeu que a bola
não é mais uma extensão de seus pés.
Um drible às vezes completa-se em sonho
e o músculo da perna se contrai,
num arremedo, ao recordar um gol.
Podia invejar os jovens, mas não:
quer reaver no exercício do verso
aquela ciência infusa e sutil
que o corpo não esqueceu, como se
para isso houvesse uma tradução.

Talentos

Que fazer dos talentos
que recebi e não multipliquei?
Escrever, ensinar, influir...
Vão passando os anos e nem sei
se eram talentos ou enganos.
Onde falhei? que vontade faltou?
Cumprem-se os talentos à revelia?
É um penhor a minha magra poesia?
Mas eu sei o tormento que é seguir
devedor até o fim.

Coração inconstante

Tem horas ele quer tudo,
tem horas não quer nada.
Inclina-se a quem o chama
esquecendo o que há pouco amava.
(Leu no *I Ching,* Verdade interior:
"às vezes canta, às vezes chora".)
Sabe no entanto o que restou
de cada momento pleno ou vazio.
Sabe-o em sonho, em cifras de música,
como sabe um rio.

Orfeu

Ao sair do inferno
Orfeu torna a olhar para trás
como a confirmar a paixão e a perda.
Com a lira ele resgatara
as coisas ainda sem nome.
Mas como reverteria a vida,
o rio onde um dia banhou os pés?
Seria preciso outra força
e a existência talvez nem chegou
ao limiar de seu canto.
E assim Orfeu só pode olhar
para sempre para trás.

As nuvens

Onde é o lugar? pergunto às nuvens
que passam em caravanas exóticas
no céu impassível da tarde.
É onde estás agora, elas respondem,
na paisagem sempre a mudar.
(As nuvens, tão companheiras, utópicas!)

O nevoeiro

A alma acredita
que há uma terra sem mal
para além do nevoeiro,
um vale encantado, improvável,
mas não menos real
que o pulsar e a antimatéria.
E ela põe-se a caminho, à espera
de que o nevoeiro se abra.
E de tanto atravessá-lo
e ser por ele atravessada
descobre enfim sua veste branca
e aceita que ela mesma é o nevoeiro.

Passarinho

Um passarinho pousa
na pedra do meu caminho.
É uma irrisão? é a prova
do impasse não resolvido?
É um augúrio? uma nova
ilusão, um paliativo?
De repente ele voa
e lá vou eu,
                    passarinho.

Noite estrelada

Quem não imaginou
que são elas que nos miram?
que o universo nos espreita
e os pontos luminosos
são sementes do infinito
que em nós querem germinar?
Quem não viu que as estrelas
são todas uma flecha
sem ambição, só desejo?
Como se Oríon quisesse
ao ferir nosso coração
ressuscitar um deus.

Terra

Mais do que guardar
o mistério da vida,
és a estranha sempre dada,
nossa casa definitiva.
E quase nem sentimos
tua presença antiqüíssima:
confiantes, seguimos
tomando-te as dádivas.
Quem concebe o teu vazio,
tu que estás sempre grávida?
E quem adivinha a trama
de teus invisíveis fios?

CADERNO DE PROSA & POESIA

O que me encanta na prosa
é sua cara desarrumada de poesia.
Você me disse de um jeito:
"Como a vida é difícil", querendo dizer
me abraça, preciso de um carinho...
A moça que veio pedir emprego
trazia uma bolsa cheia de panos,
papéis, tanta coisa revirada
que nem ela mesma entendia.
É que a cara da poesia
são remendos, uma colcha de retalhos
que nunca aparece inteira
e só em sonho se vê.
Eu digo esse meu encanto
mas você não acredita: quer a prova,
não quer a divagação, quer saber
a causa daquele aborto, quer conserto,
chega de errarmos tanto!...
Tem razão. A vida é mesmo difícil.
No entanto, reparei,
faz tempo que estamos juntos.
Isso é prosa ou poesia?

Trabalho paciente de mãos,
de linhas enoveladas,
cuidados, beijos, palavras.
Faz tempo:
isso é o que mais me encanta.

Procuro me lembrar de uma árvore, de uns versos que escrevi e depois rasguei. Eu começava a escrever e já mergulhava em raízes. Lembro a demora, o peso, a obscuridade do sentimento. Ser poeta era belo e triste, mas não imaginava que fosse tão árduo. Levei horas destilando e remoendo as palavras, como faço ainda hoje, e tudo que alcancei, na ânsia de chegar às folhas, foi uma árvore desfolhada, que desapareceu com a leveza da folha que rasguei.

Há uma hora estou assim, sem nada que fazer. Devia me preocupar? Há tanto com que se preocupar... mas deixa, está bom assim. Amanhã eu penso, ou quem sabe depois de amanhã. Estou sentado e fumo um cigarro. São onze horas. Onze horas. Um gozo insensato me faz repetir: onze horas. Enfio a mão entre as pernas cruzadas, meu corpo parece agradecido e funciona normalmente. O coração bate, como bate um coração desde a barriga da mãe. Escuto a pulsação que acalma meu desejo. Ele reflui nas lembranças do dia, a onda que retorna. Há tristeza? Há felicidade? Estou há uma hora assim, sem saber.

Dia de *Corpus Christi*. No almoço teve arroz, feijão, milho, carne com molho e salada de alface. De sobremesa, gelatina com creme e um cafezinho pra arrematar. Tudo tão simples e saboroso que cheguei a pensar numa forma pagã de oração: o corpo de Cristo é a comida e a alegria das pessoas comendo.

Observando passarinhos em formação de "V" que circunvolucionavam pelo céu, tentamos adivinhar se estavam chegando ou partindo. As nuvens deixavam entrever diferentes tonalidades de azul, mais claras no horizonte, escuras no zênite, gradação que sabíamos se acentuar nos dias frios, mas que não sabíamos explicar. À beira do rio, plantas aquáticas flutuavam à deriva, e nos perguntávamos sobre as correntes que as arrastam de uma praia a outra. Plantas migradoras como os passarinhos lá no alto, como as nuvens. Não nos contentávamos em ver, apontar. Aquilo pedia explicações: para onde vão as nuvens, as plantas, os passarinhos? Pensar sobre essas coisas era um modo de viajar com elas.

Queríamos interpretar os sinais que a natureza coloca na paisagem, mas não para decifrá-los: para cifrar ainda mais o que víamos. No fundo, naquele instante, só queríamos contar aquilo para alguém, um pedacinho da nossa história e da história natural, às margens do Guaíba, numa clara manhã de maio.

Na ronda dos bosques sigo a flauta, o sopro que estremece o cerne das coisas. As folhas me espreitam, estou no espaço de suas confabulações. Acerco-me, escuto. Tudo me fala dessa hora há muito esperada em que saberei enfim o que me espera. Diviso uma clareira, crianças penduradas nas árvores, muita gente reunida num clima festivo mas silencioso de quermesse. Caminho em direção a uma pedra situada bem no centro que parece conter uma fonte, e eu sabia que era necessário fazê-la brotar com um toque preciso e completamente não premeditado.

Depois de cruzar na avenida com pessoas que pareciam vagar pela penumbra, mesmo as que praticavam *jogging*, tomei um atalho pelo parque, num trecho sem iluminação e deserto àquela hora. Percebi que dois vultos saíam de trás de umas árvores e tomavam o atalho alguns passos à minha frente, e que atrás de mim se aproximava mais alguém, pelo ruído de passos no cascalho. Sem apressar a marcha, mas sentindo as pernas frouxas, tive a certeza de que seria assaltado naquele momento. A sensação durou uns segundos, enquanto o homem que vinha por trás emparelhou comigo e esperei que me abordasse, ou que os dois da frente se voltassem. Mas nada disso aconteceu e, ao chegar numa encruzilhada, parei e me expus claramente, na vulnerabilidade de quem não sabe o caminho a tomar. Os dois homens à frente seguiram pela direita e desapareceram de novo entre as árvores. O outro andou uns passos à esquerda e virou-se para me olhar, parecendo indeciso também. Esperei um pouco e prossegui. Logo avistei os patos dentro do cercado. Estavam quietos, ouvia-se apenas o murmúrio de uma fonte no lago. Aquela tranqüilidade foi dissolvendo a sensação de perigo: eu contemplava uma cena absolutamente definida — os animais repousando na penumbra. Então compreendi que só os homens têm o rosto indefinido e por isso temem a penumbra. Como se um vulto estranho pudesse nos fazer reconhecer brutalmente os traços de um rosto que não cessamos de buscar — e de evitar.

Estrada da serra, por onde não passava há muitos anos. Estrada cheia de curvas, subidas e descidas, entre florestas, à beira de precipícios. Estrada da minha adolescência (a da infância foi a do mar). A certa altura aspirei o frescor do eucalipto:

Como era o cheiro do eucalipto
que eu aspirava aos quinze anos?
Eu tinha as narinas mais abertas
ou somente menos lembranças?

Ela prosseguia por caminhos de terra, pelo campo, onde recordo uma noite em que andava com um bando de garotos, mirando com a lanterna as estrelas e os vaga-lumes. Ríamos do medo, que era como o roçar das asas de um anjo da guarda, o contato de uns lábios frescos em nossos lábios sedentos que sorviam em grandes goles a água do cantil.

Lembro também um lugar não mapeado nos campos da serra, por onde passei e que ficou:

Ao entardecer,
quase vizinha na solidão dos campos,
a velha casa com um porão,
onde havia queijos, vinhos, lingüiças
e uma provisão de acolhimento
como só a estranheza é capaz de oferecer.

É cada vez mais raro acenderem fogueiras na cidade durante as festas juninas. As poucas que se vêem, em terrenos baldios, com meia dúzia de crianças em volta, parecem celebrar mais um fogo que se extingue do que um fogo que se acende. Daí o encanto um pouco fúnebre dessas fogueiras.

É como se o próprio calor se consumisse, se dissipasse na noite, já não aquecesse ninguém. Nessa combustão sem espetáculo, a madeira doa sua matéria somente ao espírito das chamas.

Cheiro envolvente de tecido na zona do baixo comércio da cidade. Cheiro de tecido enrolado, novo mas com algo de vetusto, liso mas oculto dos olhares, evocando ao mesmo tempo um pudor e um prazer de contato. Chama a atenção que as vendedoras abordem os transeuntes na rua, os convidem a entrar, apalpar, examinar, o que acrescenta a essa antiga zona de prostituição uma sensualidade ainda mais intensa, porque deslocada: a sensualidade difusa e secretamente contida dos tecidos.

Onde guardar as coisas? Onde arrumar o canto de cada um na casa? Forçados a uma restrição nipônica (mas sem a funcionalidade da casa japonesa e suas paredes móveis), mudamos constantemente a disposição dos móveis para ganhar alguns centímetros a mais, em seguida perdidos para novos objetos que entram. De modo que a batalha consiste em calcular um mínimo de espaço habitável. Não querendo nos desfazer de coisas que poderiam ser úteis numa casa maior, vivemos desse cálculo pequeno-burguês que sonha um dia ter sua casa própria, ampla, definitiva, ao contrário dessa, provisória, onde já nos acomodamos há tantos anos.

O dia a exigir ações, providências rápidas. Tudo finalmente cumprido, o peso que ocupava a cabeça cede e vai se alojar no coração, que o recebe com atenciosa angústia, como a um doente querido, ou como a um filho em quem se observa uma lenta deriva do amor.

As crianças brincam no pátio, animam cidades, fazem aviões decolar. Mimetizam um maquinismo imenso que as possui e que tem seu começo no sol, no dia que espalha uma claridade produtiva até sobre as palavras, ansiosas, elas também, por acionar suas máquinas de torres e quedas vertiginosas, conflagração de encontros e sentidos. O ar pacífico da manhã é o mesmo onde se agitam em todas as direções invisíveis ondas de rádio, de cujo entrechoque sobressai momentaneamente uma música. O universo está brincando esta manhã e as palavras se alegram em sua violência.

Entre uma vaga e outra de pensamento, o marulho incessante de impressões e quase-idéias que passam sem registro. Anotações fortuitas não dariam conta desse movimento tumultuoso demais para se ordenar numa frase, sempre inadequada para exprimir simultaneidades, truncamentos, sobreposições. Acordada ou sonhando, a mente funciona por lampejos, distrações, pequenas obsessões, e por isso é tão difícil lembrar os pormenores de um sonho como daquilo em que pensávamos há pouco. Somente quando se acumulam pormenores numa determinada direção é que sabemos reconstituí-los. É como a elevação da crista de uma onda. Dizemos então que uma idéia se forma, que prossegue em outras idéias-ondas, e gostaríamos que ela pudesse assim revolver e trazer à tona o oceano inteiro das idéias submersas. Mas prontamente esse desejo se desfaz ao percebermos, mesmo na crista da onda, a dispersão de gotículas que o vento lança para trás.

Mãos leves e habilidosas alisam, penteiam e cortam pelas pontas os cabelos. Em mãos como essas a ação de uma tesoura é quase imperceptível, e faz pensar num vento que debulhasse o trigo. A imagem vem de um quadro que vejo através do espelho na vitrina defronte à barbearia. É uma cena campestre, uma estrada atravessando um campo, que observo com a vista enevoada sem os óculos. Um suave torpor absorve meu corpo no chão de terra dessa paisagem, enquanto mãos e tesoura prosseguem sua delicada tarefa no alto da cabeça.

Impotência diante da miséria, próxima ou distante. Sobretudo a próxima, que parece ser a mais distante, porque pediria uma solução imediata que não existe ou que é irremediavelmente falsa. Ao garoto que pede um trocado para cuidar do carro, não há como dar ou negar espontaneamente. Ele sabe, e eu também, que não se trata realmente de um pedido: se eu não lhe der o dinheiro, ele danificará o carro. Nenhum valor moral em jogo, apenas um mecanismo de interesse de parte a parte, guiado pela necessidade e a desconfiança. No entanto, sinto uma piedade real do garoto, assim como ele sente uma fome real, mas ambos estamos submetidos a um jogo que nos separa radicalmente, e que só nos aproxima sob alguma forma de coação e de violência.

No alto da roda-gigante, perdemos a conta de quantas voltas havíamos dado. Éramos duas crianças, dois velhinhos, dois namorados, e o próprio tempo, para nos saudar, pareceu tomar a forma de uma nuvem de mosquitos.

Assombroso não é as asas que nos podemos formar, mas que elas comecem a se formar nos outros, e que as vejamos implicadas em voltas e camadas sempre mais profundas, como as de uma larva enrolada e aderida firmemente ao tronco de uma árvore, e que enfim o peso da própria Terra pareça curvá-las e conter seu prometido vôo, de modo que elas talvez só se abram para dentro, em chamas.

Ajudar no trabalho dos outros, menos por solicitude que por necessidade interna, é o que tenho feito e provavelmente é o que farei de melhor na vida. É o que em geral faço como tradutor, embora muitas vezes compulsivamente, só percebendo o lado solitário dessa tarefa. É o que me subtrai às dúvidas quanto às minhas possibilidades, lançando um foco de luz sobre os limites reais de qualquer ação. Sei como ajudar no trabalho dos outros, sei até onde ir, o que já não sei quando se trata do que eu próprio sinto ou escrevo. Ao acolher uma solicitação de ajuda, sinto-me ajudando a mim também. E isso me preenche de tal maneira que preciso às vezes sair correndo para esvaziar-me neste caderno.

Voz interior repleta de sombras. Se trouxesse à luz um décimo do que diz, contradiz, apóia, refuta, reconsidera e torna a dizer, já teria escrito uns cinco *Ulisses*. Voz encalacrada, fantasmática, tomada de pânico diante do brilho iminente do papel. Voz culpada que confessa: fui eu, mas sem saber o que cometeu. Voz que de vez em quando se destempera em arquejos de cólera ou de ternura, mas logo recai no assombro do irrisório cotidiano.

Como se chega ao branco? ao branco do papel? essa cor que reflete a luz rechaçando-a, não deixando que a luz a penetre nem um pouco, que oculta sua natureza, sua turbulência interna, e dá como resultado essa aparente calma, doçura de baleia-branca, de lírio, de leite... Quem já viu o branco metamorfosear-se em pleno dia, de seu casulo irromper um arco-íris? Que força o faz reter as cores, como um deus a reter a aurora? Que nevoeiros nele se adentram e não se dissipam? Que percursos indecifráveis o branco assinala nas nuvens, nas paisagens de gelo? O branco é espaço puro? Mas por que então sugere tantas imagens do tempo, da vigília? O branco é realmente branco? ou é a vigília de quem escreve que faz ver o branco?

Hora da indeterminação,
sombra perfeitamente aprumada.

Malabarista chinês,
equilibro xícaras sobre xícaras de chá,
pontualmente à meia-noite.

Escrever de tal maneira que se possa suportar a consciência dos deveres sociais sem precisar agir ou fugir precipitadamente. Sendo assim, escrever jamais será uma forma de escapismo, já que a única tarefa realmente relevante que a sociedade nos impõe é aprender a viver com ela. Essa tensão mental, preservada por um momento da necessidade de ser descarregada, não é um repouso, mas é a condição para se encontrar o repouso na ação.

Lembro que ainda existiam os bondes, era tarde da noite. Eu esperava no fim da linha do Menino Deus, onde os trilhos se juntavam numa única via, um bonde tendo às vezes que esperar que o outro fosse sozinho até o final e voltasse. Esse prolongamento sem saída me causava uma particular estranheza, porque naquele tempo eu não compreendia a reversibilidade da manobra, como continuo sem compreender neste sonho, que é uma aventura irreversível. Submetiam-me a testes de ergometria, pesavam-me, e o peso acusava diferenças estando eu sentado ou em pé, o que me parecia natural. O curioso é que a balança tivesse a forma de um balanço... E como foi que chegamos àquele campo vizinho, onde o dia terminava mas o sol ainda ia alto sobre o horizonte? Nós dois sentados na relva, eu querendo inventar poemas. Os meninos correndo, cada qual por um lado, o campo era todo deles. Foi quando você quis ver um espetáculo de acrobacia e música ali perto. Olhávamos os trapezistas e procurávamos localizar de onde vinha uma voz que cantava. Mais curiosa, você escala as armações de ferro e se aproxima dos trapezistas. Quando um deles solta o trapézio, você se lança e tenta segurá-lo. Lá de baixo vejo você desequilibrar-se enquanto continua ingenuamente a achar graça daquele perigo. Atino que é um sonho e que o sonho irá providenciar um socorro para sua queda. Mas suas mãos não encontram nenhum apoio. Vejo você caindo e não posso fazer nada, não posso sequer deixar de ver, não posso reverter a beleza e o horror deste sonho, do qual me desperto com um grito.

Por ninharias sofremos e fazemos sofrer. Grandes crimes e pequenas ofensas só se distinguem pela posição que ocupam (mais perto ou distantes de nós) num encadeamento de ninharias. Mundo abominavelmente reativo, esse em que vivemos. O criminoso é mais abominável que o jornal que o acusa? Horror ao crime, sim. Mas horror também a essa justiça que alimenta o ódio surdo do qual irrompem os criminosos.

* * *

Recuo até a manhã brumosa, da qual emergiam com tanta claridade as árvores, como se estivessem mais próximas de um sol remoto. Seu silencioso recorte num meio difuso falava-me de algo que não era o passado, mas de um tempo contraído no presente de uma imagem, a imagem do inverno. Remontando agora o meu dia melancólico, encontro nessa imagem o que nele restou de radiosamente secreto.

Preciso ficar doente para sentir, no seu limite físico, a minha fraqueza de espírito, e perceber que, pior do que não ter forças para escrever, é não ter nada que realmente valha a pena escrever. A doença só me torna mais obtuso, minando a pequena confiança que deposito, não nas palavras, mas na capacidade de acolher as palavras que o corpo esperto possui. Porém esse corpo embotado é um espírito doente, sobretudo por julgar que neste momento teria mais necessidade de escrever do que de um remédio ou de uma distração qualquer.

O sonho parecia ilustrar esta frase do *Expresso 2222* de Gilberto Gil: "Nunca se chega ao Cristo concreto". Porque o tempo todo eu buscava em vão o acesso ao Corcovado, cujas escadarias principiavam na avenida mas logo se extraviavam, desembocando numa praia de areias brancas ofuscantes, por onde eu passava em meio aos turistas à procura dos trilhos que me levariam até a estação de partida do trem, que finalmente avisto, mas separada de mim por um lago que sou obrigado a cruzar a nado; e quando pareço estar instalado no trem, ele na verdade apenas circula em torno da pedra do Corcovado, que descubro estar coberta de inscrições ou esculturas, mas que também pareciam chagas, e da qual pendem andaimes onde homens executam obras de restauração, como se aquilo fosse um monumento para ser visto apenas do chão, e o acesso ao cume estivesse bloqueado por aquelas excrescências na pedra.

O caudal em minha boca, que trago, me traga, reprimo, extravasa, muda pororoca de salivas contrárias, sob o palato obscuro, onde a língua se afoga, os lábios se abrindo e fechando como eclusas de um rio, sem margens, sem leito, enquanto repito em pensamento, qual Mallarmé, por puro espasmo musical, entre o cósmico e o cotidiano: *les oiseaux, les oiseaux...*

Em que próxima cidade irá extinguir-se um pouco mais esse pobre Circo Mexicano? Em que terreno baldio fará encenar, trapézio, picadeiro, o sonho de uma infância cada vez mais rara? Amanhã terão desmontado a fabulosa tenda, monumento sem vestígio de um virtuosismo que parece andar pelo mundo à procura de um fundo de quintal.

Eis o que vi: árvores em debandada como no poema de Nerval, *Le réveil en voiture*. Só que não era um despertar, mas um começo de adormecer a bordo de um coletivo apressado na avenida. Em rápida sucessão eu via, serpente engolindo serpente, os prédios e as pessoas e as imagens fundindo-se umas nas outras, mais densas, mais próximas, como no limiar de um sonho.

O tradutor e sua sombra. Mas se o tradutor já é uma sombra, qual seria a *sua* sombra? Essa estranha felicidade de expressão que ele só encontra fora de si mesmo, no outro? sobretudo quando incorpora um estilo forte e realiza esse perfeito mimetismo que é o apanágio da boa tradução? A sombra do tradutor é um resíduo de irrealização que se deve, mais do que à diversidade insuperável das línguas, ao fato de subsistir nele um escritor que não escreve: ou porque é essencialmente modesto, ou porque é desesperadamente vaidoso. Seja como for, essa sombra está sempre presente e jamais é o seu lugar de descanso.

E a chuva que não pára, mais triste quando se está na praia, onde chuva e mar não combinam... Chuva inexplicável em novembro, parecendo chuva de inverno, monótona, persistente. Formando brumas que, ontem, os respingos das rodas no asfalto engrossavam a ponto de mal se ver a estrada. No entanto tive um momento de descanso na viagem, mesmo com a chuva tediosa e a atenção ao volante. A princípio foi um passatempo, mas logo me deu a impressão de um giro ou de uma reversão no tempo. Foi quando pus para tocar músicas dos Beatles, as primeiras, "Help", "A hard day's night", que me fizeram retroceder até uma espécie de interrogação: que sentimento essas canções haviam despertado em mim quando as escutei pela primeira vez, uns vinte e cinco anos atrás? e em circunstâncias que recordo semelhantes, também numa estrada, em viagem?

E a resposta muito vaga que me vinha, em meio à bruma e à chuva constantes, era de um giro de trezentos e sessenta graus em torno de mim mesmo, que me explicava numa vertigem a rápida sucessão de tempos vividos e por viver, como um tarô de figuras sonoras que descrevesse o panorama animado de meu tempo.

Mas eu falava do mau tempo, da chuva, dos esforços que

fizemos hoje para realizar atividades saudáveis e conservar o bom humor. Uma partida de futebol na lama, em que machuquei um dedo do pé. A visão de um cachorro morto à beira-mar, um husky, que alguém estupidamente matou para arrancar-lhe o pêlo. O mar revolto, revoltado. E a chuva indiferente. A única saída foi tomar, à noite, a *Cosmopista dos autonautas* de Cortázar e Carol Dunlop, até encontrar, no parking Rossignol, a descrição de um giro de trezentos e sessenta graus semelhante ao que eu recordara sem tê-lo ainda nomeado. É quando a Ursinha, ouvindo Schubert, vê o panorama mais belo de sua viagem, ou melhor, vê o panorama contido, em toda a sua volta, pela música de Schubert.

Noite suntuosa:
o luar e o canto do grilo
nos arredores do shopping center.

Começo a gostar da demora, no plano deste caderno. A demora do futuro, do que não tem conserto mas sempre terá, do que sempre sai de um jeito que não se esperava.

Começo a ter paciência com meus próprios demônios. Aos poucos, desconfiados, eles vêm comer na minha mão, aprendem a ser gentis, a saber as horas. Paciência deve ser uma das poucas coisas que não se fabricam no inferno.

Mesmo a obsessão perfeccionista, temperada com paciência, deixa de ser aflitiva. Torna-se um lavor sem finalidade, uma lavoura para estar apenas em dia com a fome.

Um trecho dolorido na memória: o corredor comprido e escuro do sobrado de minha avó; a praça defronte onde presenciei um desastre de bonde (primeiro um silêncio, depois gritos de pânico); o Liceu e o viaduto, onde garotos brigavam a socos depois da aula. Também ali ficava o cine Marabá, onde assisti a meu primeiro filme: *O segredo da caverna*.

Essas lembranças me vieram ao passar pelos mesmos lugares, que não mudaram muito. Continuam tristes e úmidos. Duvido que mesmo uma restauração lhes mudasse a fisionomia. Os lugares se fixam na memória, e o que dói é não poder vê-los nem reavê-los de outra forma. Encerram na memória suas dores e seus segredos. Também do filme não lembro mais qual era o tal segredo da caverna.

Os pequenos grifos nos azulejos que compõem o fundo da estampa e pouco se notam, a não ser de perto e quase involuntariamente, traços que se assemelham a garatujas de crianças, animais fabulosos, objetos e rostos possíveis, dependendo de como se olha, distribuídos pelo branco do azulejo a intervalos regulares, e que dão a impressão de um caos ordenado, de uma paisagem neutra, mas que subitamente ressaltam quando concentro e desloco o olhar, e me envolvo nessa trama de sinais, eu que há pouco pensava se haveria um sinal capaz de representar inequivocamente um sentimento.

A pressa em executar minhas tarefas, como se fossem urgentes quando na realidade não o são, é o espírito da época que me toma como o ar que (mal) respiro. O rapaz que vi digitando o computador, no banco, tinha aquele olhar de possesso da eficiência que devo ter se me filmassem à mesa de trabalho. Sob a pressão de uma racionalidade compulsiva, faz-se tudo em menos tempo, o que não significa que se tenha então mais tempo ocioso, muito pelo contrário. A própria idéia de ócio parece ultrapassada. Aquele que os antigos diziam ser a condição do filosofar só se produz no limite da exaustão, quando nada mais dissimula o vazio da eficiência. Mas não quero esse cansaço nem esse filosofar, e sim a contemplação eficaz, incansável, da poesia.

Querer achar a saída do labirinto é perder-me no labirinto, é não mais entender o espaço que me contém e que só poderia ser assim: um caminho com voltas e alternativas, cujo sentido é menos escolher do que escolher continuar, sendo o fluxo da vida mais importante que a entrada e a saída, já que estas estão dadas e definitivamente fora de mim.

Ela pediu um cigarro, ofereci. Pegou minha mão, disse que eu era um moço bom, que ia ler minha sorte. Ainda relutei, tentei fugir, mas era tarde. Ela falava depressa, recapitulava minha vida em frases breves, dizia coisas precisas e outras temíveis que eu procurava em vão reter: alguém estava de olho no meu dinheiro, ela precisava me proteger. Era escandalosa e certeira a intimação que me fazia, aproximando minha mão de seu seio semidescoberto, tocando partes do meu corpo, apalpando-me os bolsos, fazendo-me jurar sobre um crucifixo. Era o dinheiro que ela queria, sim, mas era muito mais: era a posse, a verdade do dinheiro, a verdadeira paga que os céus exigem — alma, nudez total.

Como um guarda se aproximasse, ela se contentou com uns trocados, enquanto eu, covarde, me afastava, sentindo arder em minha mão aquele sinal.

É preciso ler para uma criança, ler como uma criança, para entender por que, mesmo na angústia e na derrota, ainda é possível pronunciar um nome ou uma frase feliz. Não importa o que signifiquem, eles se alçam da própria dificuldade de inflexão como uma pequena conquista. É por compartilhar dessa conquista com o leitor que a criança se interessa pela história.

Em vários momentos da leitura para o meu filho, esta noite, a simples pronúncia de um nome próprio como Thornton, o amigo do cachorro Buck em *O chamado selvagem*, atiçava com sua resistência de espinho o meu gosto de sobrepujá-lo. Tropeçando a cada tentativa, fui aos poucos percebendo outra coisa — que a felicidade da leitura nasce de uma constância.

Um gato me observa com cuidado, e observo o cuidado com que ele me observa. Ficamos os dois assim, quietos e atentos um no outro, enquanto as estrelas nos observam lá do alto. Cada qual preso em sua esfera de observação — eu, o gato e as estrelas: não podemos sair dela. No entanto fazemos parte de um mesmo todo, mônadas que às vezes se combinam, como agora, e então parecem respirar livremente.

um poema depende de tanta coisa
tanta coisa depende de um poema

(parafraseando o *Carrinho de mão vermelho*
de William Carlos Williams)

* * *

Ontem, correndo na grama com a bola no pé, como se nada mais existisse exceto eu e ela, senti que realizava um poema da infância. Mas a tentativa posterior de traduzir em palavras essa sensação provou que não se pode realizar duas vezes o mesmo poema.

Duas imagens que se repetem no trajeto diário do ônibus, simetricamente dispostas como o resumo de uma saga na paisagem urbana:

o tempo que se acumula
nos velhos sobrados da Cidade Baixa
e o vento que me saúda
nas palmeiras altas do Menino Deus.

O linchamento de três rapazes em Olaria. Diante dessa reação em cadeia da estupidez, que começa com uma pequena arruaça e termina na indiferença grandiosa em que se dissolve a própria dramatização da notícia, toda a vergonha de ser humano engolida a seco. Até as lágrimas secam de vergonha. Só começam a aflorar — não por indignação ou lamento, mas por uma espécie de ressurreição — quando me vem a voz de Chico Buarque cantando: "quero ouvir a Mangueira, derradeira estação, quero ouvir sua batucada".

Sim, uma canção, um pensamento só devem pretender tal coisa: ser o começo de uma reação em cadeia da alegria.

O hippie chamou seu filho Meteoro, o que caiu do céu, inesperadamente. O menino tem cabelos loiros, brinca com arco-e-flecha e acompanha as andanças do pai pelo Brasil Central. Eis um acontecimento cósmico registrado em pessoa: um menino e seu pai, os dois vagando pela terra, deixando entrever um brilho momentâneo que não é menos real em sua inscrição utópica no vídeo.

Às vezes uma visão nova se abre nas paisagens mais conhecidas, quando alguma coisa delas é retirada: uma árvore, por exemplo, que se gostava de contemplar. No primeiro momento, o que se vê é uma forte claridade, uma luz plana que reflete a do céu, ali onde os olhos haviam se acostumado aos volumes e às sombras. O espaço é devolvido a uma nudez primitiva. Até que novos hábitos se formem, não se sentirá tanto a falta do que ali estava, mas surpresa diante do que até então não se via.

Momento de torção, em que emprego minhas forças compulsivas contra mim. Combate puramente negativo e sem alegria, como o de quem suspende uma pesada pedra e permanece abraçado a ela, quando o mais fácil seria arrojá-la numa direção qualquer.

Manhã leitosa,
rio cinza, sonolento,
tudo confusamente claro
exceto o perfil quase preto
de tão branco das garças.

Minha ambição é tão grande e meus recursos tão pequenos, que essa distância só pode ser um desafio que os séculos lançaram sobre mim, ou um equívoco a muito longo prazo. Como nada me convence nem de um nem de outro, encontro na simples avaliação dessa distância — mas só de vez em quando — uma espécie de serena desmedida. Não me comparo, não me avalio mais, e o tempo vira um brinquedo em minhas mãos.

A poesia surge desses estados de súbita anulação de distância. O que há pouco parecia uma falta fica anulado, provisoriamente anulado. Essa provisão do provisório faz a essência da poesia, como faz a do alimento.

Isto ajuda: ter um Deus a quem falar, a quem pedir, a quem xingar, como fazem as almas simples. Pois não é a clareza do espírito que encontra o foco, é o foco que faz clarear o espírito.

O instante turfístico que fulgura na memória não era tanto o hipódromo ensolarado, nem a largada, sempre retardada e súbita, nem o tropel rente à cerca que fazia estremecer o chão, nem os cavalos despontando na curva do olho-d'água e entrando na reta final, mas tudo isso como que resumido no amarelo com ferraduras pretas da blusa do jóquei.

Desde que reuni e nomeei uma parte dos meus escritos, criou-se um novo obstáculo para continuar a escrever. Agora, fatalmente, parece haver um movimento definido que posso seguir ou abandonar, mas não ignorar. Antes, quando a idéia de um conjunto era muito vaga, havia mais espontaneidade e ingenuidade na escolha dos temas. O temor de me repetir não era tão agudo como agora, as repetições eram involuntárias e a escrita contentava-se com sua regular dispersão de linha de espuma de onda.

Com os olhos fechados e as narinas bem abertas reconheço no vento da chuva um certo torrão de terra, lá distante, que desprende seu aroma até aqui.

Eu deveria ser grato a esse ruído do motor da caixa-d'água que há anos me incomoda e ao qual não consigo me acostumar, por me fazer lembrar que a água da torneira, que faço jorrar sem esforço, requer esforço para chegar até a torneira.

M. sonha com ratos. Na tarde anterior eu tinha visto uma grande quantidade deles debaixo de uma das pontes do arroio. Corriam de uma toca a outra, alimentavam-se à luz do dia, a poucos metros da amurada de onde eu os observava com fascínio e repugnância. Não relatei a M. esse fato, que foi a impressão mais forte do meu dia. Mas é possível que à noite, dormindo a seu lado, os ratos tenham migrado da toca fechada do meu sonho para o sonho dela. Nossos corpos, que há tanto tempo se tocam, bem que poderiam ter passagens subliminares.

Não fosse um socorro aos colegiais que vêm copiar com sofreguidão trabalhos para a escola e que enchem de rumor a sala, a biblioteca pública, reduzida, sem livros novos (as últimas aquisições datam de mais de vinte anos), ela própria carente de socorro, conheceria também o abandono de não ser freqüentada por ninguém. Mas seu rumor juvenil diário e a surpreendente solicitude das atendentes, apesar do pouco a oferecer, espalham nesse solo exaurido sementes de vida e de acaso que levam o leitor benévolo a descobrir livros interessantes no meio da sucata geral, e a reconhecer na circunstância da leitura uma leitura da circunstância.

Consternado com a morte súbita de um arquivo de computador involuntariamente apagado. Dos textos perdidos, escritos a intervalos irregulares nos últimos anos, justamente o primeiro anunciava uma perda: "Para onde foi o corpo?", eu perguntava em meu primeiro contato com a escrita via computador, suspeitando que essa escrita rasa, sem rasuras, tivesse banido o corpo, as marcas do corpo, para o fundo escuro da tela. O desaparecimento do próprio texto consuma agora a perda, definitivamente, e não como o faria o fogo, deixando restos e cinzas. Desaparecimento total, instantâneo, inacreditável. Como se o que escrevi permanecesse virtualmente intacto na apagada memória de algum chip.

Vasculhando pastas na tentativa de localizar uma improvável cópia em papel desses textos, encontro outros que intensificam de outro modo o sentimento de perda. São textos escritos por pessoas queridas em momentos de grande percepção e generosidade, mas que não desabrocharam a promessa que continham, seja porque nossas relações se amesquinharam, seja porque se interromperam simplesmente. Perda muito mais dolorosa, porque o escrito subsiste, mas seu desejo se apagou.

Vitrina enfeitada de luzes que fibrilam, acendendo e apagando, como um tecido animado que se desprendeu da cidade adormecida. Em seu clamor silencioso, monotonamente repetido, em sua febre noturna e mansa, será que a vitrina pertence a este universo do qual é, no entanto, um testemunho tão prosaico? Não seria a forma que um outro universo escolheu neste instante para se manifestar? No espasmo de um piscar de olhos, de inumeráveis olhos, expõe-se, de todo modo, a realidade profunda do comércio.

Andar em volta da pista de atletismo com os olhos fixos na sua poeira escura e nos seus pedregulhos lunares, percebendo a oblíqua e repetida mudança de incidência do sol, até que esse andar compulsivo se compenetre da estrita correlação entre sua órbita terrestre e a celeste.

Um terremoto abala a cidade que se desconjunta como as peças de um quebra-cabeças. Desaparecem os nexos de vizinhança, trechos de bairros distantes entre si ligam-se agora por contigüidade. Os escombros formam montanhas abruptas que escalo para tentar divisar, longe ou perto, uma orientação conhecida. Mas tudo está fora de lugar nesse caos onde a vida, não obstante, prossegue normalmente.

O ciclo das estações, a cada ano que passa, retorna um pouco mais desigual. O inverno, agora uma condição? Um sobressalto o distante verão?

No céu será assim: depois que tivermos comido o pão e bebido o vinho, depois que tivermos rido e conversado em volta da mesa, continuaremos juntos, mas em silêncio. Então um de nós pegará o violão e começará a improvisar uma melodia triste, e os outros, reconhecendo nela o que nos separava na terra, e sentindo saudade da saudade que lá sentíamos, juntar-se-ão a esse improviso, que pode durar infinitamente no céu.

Sonho com as três meninas da casa ao lado. Tinham nomes estranhos de sonoridades hebraicas, nomes de anjos, nomes que pronuncio várias vezes no sonho e esqueço ao despertar. Recordo ter dito a elas esta frase: "Traduzo livros para que vocês um dia os possam ler"... Mas quem soprará de volta para o tradutor a transparência de seus nomes em suas faces?

Lá atrás, muito atrás no tempo, ainda vejo o lavrador correndo em nossa direção, a nós que acabávamos de cair como alienígenas num campo de arroz. Quando o carro saiu da estrada, girou no ar e rolou pelo barranco, achei que fôssemos morrer. Mas estávamos ali, estonteados, ilesos, inacreditavelmente vivos. Talvez a morte quisesse apenas nos batizar e batizar o começo do nosso amor, que se decidiu naquele instante, tenho certeza, enquanto avistávamos o verde imenso do campo de arroz e a figura de um desconhecido que vinha, de muito longe, nos socorrer.

CRÔNICAS BREVES

Curvatura da luz

Quando Deus disse "Faça-se a luz", a luz curvou-se ao seu desejo e fez-se curva. Ele queria que a luz voltasse ao infinito de seu começo, por isso ela está sempre retornando, mas em espiral (que é uma curva que não se fecha), e não em círculo (que seria delimitar sua infinitude). É assim que o eterno retorno da luz tornou-se princípio de gravidade e imanência, princípio gerador das formas. Toda galáxia, toda estrela, todo corpo celeste é um nódulo, um vestígio da luz que se curva. A grande espiral da Criação não tem tempo nem espaço: são os nódulos dessa espiral, ao se curvarem sobre si, que engendram o tempo e o espaço da luz.

Há, pois, um desvio na irradiação da luz que faz que o universo se espiralize para fora e para dentro: para fora, em contornos cada vez maiores; para dentro, em corpos cada vez menores. Pois o átomo também é um nódulo de luz espiralada, dentro dele a luz continua a se curvar até não poder mais. As partículas elementares, nódulos dentro de um nódulo, agitam-se freneticamente para escapar desse *não poder mais* (ou para encontrá-lo?) que seria o retorno a si mesmas, o buraco negro, a garganta do Deus na escuridão proferindo outra vez: Faça-se a luz!

Só a mente retilínea do homem poderia conceber o laser, que é a luz regulada, intencional, que a nada se curva exceto ao nosso desejo de ver tudo. O laser é a invenção luminosa do homem, esse criador de simulacros. Deus fez a luz curva e o homem a retifica, para ver-se a si mesmo entre o *sempre poder mais* e o *não poder mais* da luz que se curva.

Imagens e palavras

Comecei a ler livros muito tarde. Na adolescência, enquanto alguns colegas de ginásio liam a coleção inteira de Karl May, eu preferia o cinema, onde exercitava um gosto construtivo das imagens que já muito antes se formara, quando eu brincava de conceber pontes e estradas no quintal de terra do meu vizinho, ou quando me entregava à contemplação de um ângulo de paisagem, do contorno de uma árvore, de um canto do meu quarto a uma certa luz do dia. Eu teria dado um bom arquiteto ou engenheiro, como queria ser até os catorze anos. Mas foi então, por alguma fatalidade, que tomei o rumo da leitura e da filosofia. Senti que perdera um certo espaço primitivo e buscava uma nova posição de observador nos romances e nos estudos críticos. Mas era uma posição que exigia uma transferência de pontos de vista, uma abstração, que o meu atavismo figurativo, que a minha imaginação material nunca aceitaram facilmente. Eu queria que as idéias tivessem linhas e cores, as palavras, peso e reverberação! Por isso não me dei bem com a filosofia. Mas se por um lado conservei a marca dessa infantilidade concreta e onipotente que faz a poesia, por outro desenvolvi uma suspeita generalizada sobre meus poderes. De modo que as palavras, que haviam se tornado o campo de busca de uma identidade negada mas jamais esquecida, eram agora amigas e inimigas, a paisagem pedregosa onde eu tentava e ainda tento achar um riachinho.

Golfinhos

Eu não teria dado a devida atenção ao filme *A imensidão azul* (*The big blue*, de Luc Besson) não fosse sua prolongada ressonância junto a meus filhos. Até hoje, desde sua estréia nos cinemas no final dos anos 80, eles continuam a evocá-lo como um objeto de culto. Já na época do lançamento, meu filho Nicolau compôs duas histórias em quadrinhos — a antológica *O tubarão* e uma outra intitulada *Homo homini delphinus* — sob a influência direta desse filme. A evocação persistiu através da trilha sonora em disco, que lhes serve de fundo musical relaxante quando abandonam a escuta compulsiva do rock.

Recentemente tornei a vê-lo em vídeo e, talvez porque a noite estivesse fria e havia muito não nos reuníamos todos para assistir a um filme, pude sentir e compartilhar a carga afetiva e mitológica condensada nessa fábula de um mergulhador que se sente irmanado aos golfinhos. Fábula não tanto pela relação do humano e do animal, mas pelo próprio movimento de animalização que caracteriza certos esportes modernos, como o mergulho submarino, nos quais o desafio solitário aos limites do corpo é ao mesmo tempo um desejo de regressão e de superação do humano. Assim reencontrei a mesma questão antropológica que já me sensibilizara em *2001* de Stanley Kubrick, a do limiar do desconhecido — desta vez no oceano terrestre habitado pela inteligência dos golfinhos.

Mas é sobretudo um tema musical — a seqüência repetida como um mantra de sete notas na cena amorosa do mergulhador com a namorada — que aproxima minha percepção da dos meus filhos. É pela música que partilhamos e comungamos aqui o sentimento de uma estranheza. Tendo aberto a janela para respirar o ar da noite depois de ver o filme, imaginei, ao sentir o frio em minhas mãos, que as tivesse posto fora de mim, fora da vida, numa passagem para o inanimado. Mas assim como os sons e as imagens vêm de longe e formam nossos sentimentos, é também por essa passagem, pensei, que o inanimado retorna à vida.

Cão enterrado

Um homem abandona seu cão e, para compensar esse abandono, resolve enterrar um outro que encontrou morto na rua. Eu, que nunca tive um cão, descubro nesse pequeno conto de Clarice Lispector ("O crime do professor de matemática", em *Laços de família*) um problema de consciência suplementar: fui privado do próprio contato afetivo com um bicho de estimação, privado assim de uma experiência humana primária. Sob pretexto de morar em apartamento, de não gostar do uso que se faz dos animais e de preferir vê-los soltos e sem dono, na verdade encobri e enterrei essa falta, e o que é pior: impedi que meus filhos tivessem um cão.

Não sei se para compensar ou se para agravar minha falta — e agora é a um episódio real que me refiro —, um dia ajudei um amigo a enterrar seu cão que precisou ser sacrificado. Foi num matagal nos fundos de sua casa. Era noite, não havia luzes. Cavamos por um longo tempo em silêncio, ouvindo apenas o barulho da enxada na terra, abrindo a fossa onde colocaríamos o corpo do animal. Lembro então o que senti, solidário da comoção do meu amigo: o enterro do cão parecia um sepultamento humano primitivo.

O *Prelúdio nº 1* de Bach

As notas vão abrindo as escalas, desenvolvendo seu percurso de iniciantes, como quando a harmonia ainda continha surpresas e os desníveis no seu leito sonoro faziam o ouvido estremecer até o coração. As notas vão brotando singelamente, magicamente dos dedos de meu filho João, alargando a alegria e a tristeza do mundo e perfazendo um infinito em pequena escala que é pura manifestação do tempo, do tempo como eterno aprendiz.

Iemanjá

Estendem um lençol à beira do rio, com velas, flores e manjares a Iemanjá. Ficam tocando um sininho para chamá-la, enquanto permanecem imóveis e em silêncio. Depois de um tempo, uma mulher arregaça o vestido e mergulha os pés na água, a mão faz um gesto de depositar ou recolher alguma coisa e termina com o sinal-da-cruz. Então ela se retira com os demais, deixando intacta a oferenda.

O que me toca nesse ritual é que se pratique ao ar livre e sem palavras, na forma mais simples e mais ingênua que se compreende a relação com a divindade — um sobre-humano que continua tendo fome de comida e de beleza.

Um pôr-do-sol

O céu enlouqueceu no entardecer de verão. Um pintor e um escultor divinos se apossaram de repente de todas as direções do espaço celeste, iniciando aqui e ali obras efêmeras, inclinando raios para engendrar formas e cores em profusão, para animar um festival de nuvens — globulosas, lisas, cinzeladas em tons do cinza chumbo ao branco mais alvejante, do amarelo em feixes às manchas esverdeadas, do azul metálico no zênite ao rosa-cicatriz no horizonte. Químicas orgânicas e inorgânicas se agitam sobre a terra incandescida pelo sol prestes a extinguir-se, turbilhão num alambique onde tudo pode ser visto por alguns minutos apenas, o bastante para que os olhos enlouqueçam também, saturados de excitação pela maravilha que vêem e que mal conseguem descrever.

Visão de despedida

Da janela do trem que partira de Victoria Station com destino ao aeroporto de Heathrow, eu avistava, numa rara manhã de sol, o verde milenar dos campos da Inglaterra (daqueles campos cultivados quando o Brasil ainda nem era descoberto), numa corrida contra os minutos que a princípio me pareceu, como a Fileas Fogg, irremediavelmente perdida, diante da pontualidade britânica que por certo me faria perder o avião para Lisboa, mas que aos poucos foi passando de uma aflição a uma resignação contemplativa, diante da pontualidade ainda maior do destino que havia reservado para mim, como despedida da Inglaterra, aquela visão gloriosa dos campos e dos séculos, e que acabou sendo, de fato, a visão de despedida, pois inexplicavelmente o avião atrasou e pude chegar a tempo a meu destino.

O virtual

Imagens que parecem planas, mas que ocultam outras em profundidade. O artifício resulta da combinação de duas técnicas: uma que é dada pela calculada distorção de uma figura feita por computador, outra que depende de uma distração "dirigida" do olhar, que deve se aproximar daquele estado involuntário de um "olhar perdido". Quando o grau de distração coincide com o da distorção, o virtual aparece, e os olhos, fixos até então, podem passear livremente na profundidade do quadro. Mas a graça e o interesse desse exercício consistem menos em ver do que em *passar a ver* outra coisa.

Fotografia

Os pais jogam milho aos pombos da praça para fotografar seu filho no meio deles. A criança, que mal sabe andar, está indecisa entre rir e chorar, estende as mãos, dá uns passos, tropeça, cercada de pombos que se agitam às centenas à sua volta, roçando as asas com um ruído áspero. Um velho observa a cena a pouca distância, e o olhar desse velho, também indeciso entre uma alegria remota e um mudo compadecimento, intensifica ainda mais esse instante que se prolonga sem clímax e que por certo jamais aparecerá na fotografia, a não ser como um traçado de linhas confusas, enrugadas.

Picasso

Gênio precoce, como todo gênio. Tem uma percepção extra e um domínio inato da linguagem visual. Não consegue ser outra coisa senão pintor. Gênio mimado e também avassalado por sua genialidade. Impulsivo, primário. Está sempre *atualizando* o que lhe passa na mente. Gênio em acrobacia constante, que impressiona pela presteza na solução de linha, cor e volume. Daí sua popularidade e o interesse mesmo de suas fases construtivas, como a cubista, em que ele tende à operação pura. Mas seus melhores momentos são os que conjugam traços afetivos (suas pombas, suas touradas, suas crianças) com uma voracidade de síntese que é a contrapartida da compulsão a produzir sempre mais, e a mudar de fase como ele mudava de mulheres. Outros pintores souberam *deter-se* diante das imagens e, submetendo-se a elas, pensá-las melhor. Picasso dá antes a impressão de ter sido genialmente pensado pelas imagens que não cessava de produzir.

Cavalos no campo

Como é bonito vê-los pastando o capim, com as cabeças pensas, concentrados. Estão ali, prontos para uma pintura ou para o estudo de seus movimentos. Com a língua e os dentes vão separando os talos, sem arrancar a raiz. De longe, alguém diria que estão beijando a terra, tal a devoção e o cuidado ao comer. Nem mesmo o rabo é estabanado, o seu vaivém equilibrando dinamicamente a figura.

O cavalo dá às vezes a impressão de não se sustentar sobre as patas, muito finas para o volume do corpo, mas de se alçar em asas invisíveis — e não apenas quando corre, o que é evidente. Há em todo cavalo uma imagem de liberdade, de correrias nas nuvens, mas também a de um profundo curvar-se à servidão do mundo. Nietzsche não se abraçou chorando ao pescoço de um cavalo espancado? E aqueles já derreados pelos fardos que carregam não estão a nos mostrar uma obscura paciência? Quem olhar no escuro dos olhos de um cavalo, disse João Guimarães Rosa, há de ver muito da tristeza do mundo.

Mas eis que um potrinho que estava deitado na grama ergue-se de um salto, esperto, pequeno de pernas compridas, e se aproxima do cercado. Seus olhos são ainda claros, refletem a claridade do campo, a luz tão linda da tarde, como no dia em que Deus criou o cavalo.

Tigres e cordeiros

O belo jogo indiano, *Tigres e cordeiros,* seu tabuleiro em forma de "pirâmide com asas", expressão lúdica da luta pela sobrevivência e do equilíbrio ecológico. Uma sábia proporção de um por cinco governa o jogo: três tigres contra quinze cordeiros. Cada grupo com regras diferentes. Os tigres solitários podendo comer os cordeiros que se desgarram, os cordeiros unidos podendo impedir a ação dos tigres.

De início a vantagem parece pender para os tigres. O jogador dos cordeiros precisa coordenar um número maior de peças, o que requer mais atenção. Mas, com a prática, a desigualdade de condições deve tender a um equilíbrio de forças.

Tendo escolhido jogar com os cordeiros, até agora só perdi para os meus filhos tigres. O que simbolicamente mostra que ainda não sei usar, em relação a eles e a mim mesmo, uma posição "mais fraca" como "mais forte".

Ai da dor, roda dia

Terão os capricornianos, com sua maneira geométrica, uma propensão natural a descobrir palíndromos, essas frases que se lêem da esquerda para a direita e vice-versa? Este, estréia auspiciosa de meu filho Davi, tem a peculiaridade de conter no seu primeiro segmento (ai da dor) a imagem especular do segundo (roda dia). Mas é só quando os dois segmentos se juntam que o palíndromo realmente se forma.

Pode-se interpretá-lo de vários modos: que o dia roda apesar da dor, que o dia esmaga a dor, que o dia geme de dor, que a dor faz rodar o dia, que o dia faz rodar a dor etc. Mas tudo não passa enfim de uma proposição rigorosamente feliz, porque modulável como num jogo de armar.

A ordem e o sentido

O que perturba no filme *O resgate do soldado Ryan*, de Spielberg, não é a questão moral que ele coloca — é justo arriscar a vida de um grupo para salvar um só homem? —, mas o que se passa dentro dessa situação. No absurdo da guerra, que é um desencadeamento implacável das seqüências das conseqüências, essa missão tem tanto sentido quanto outra qualquer: trata-se de uma ordem ditada pelo comando militar (por razões humanitárias não desprovidas de hipocrisia, pois quem a ordena não põe sua vida em risco) e como tal deve ser cumprida. Ora, o que o núcleo do filme mostra é justamente as dúvidas e os deslocamentos de sentido que essa ordem acarreta à medida que vai sendo executada. Embora no final o sentido procure se estabilizar numa mensagem edificante — a que é passada pelo capitão agonizante ao soldado: "faça por merecer nosso sacrifício" —, o núcleo instável e paradoxal da questão permanece: o sentido é a ordem que esse grupo foi mentalmente obrigado a refazer dentro da desordem da guerra.

Oração da manhã

A leitura dos jornais como uma oração da manhã. Marx brincou com essa expressão para mostrar a nova crença do homem moderno. Mas pode-se tomá-la a sério para dizer que a leitura dos jornais, com sua dose massacrante de realidade, deveria suscitar esta oração toda manhã:

— Fato, tem piedade dos homens. Não deixes que eles creiam mais em ti do que neles!

Berçário

No berçário do hospital, vi que as enfermeiras estão sempre a tomar notas. Quando não estão com os bebês, estão tomando notas. Fiquei interessado em saber o que escrevem; decerto o número de mamadeiras, temperaturas tiradas de hora em hora, e o que mais? Todo esse registro minucioso que só servirá para encher arquivos inúteis ou cestos de lixo, após uma rápida leitura do médico ou nem isso.

Mas o que eu pensava, observando por trás do vidro a sala climatizada e cheia de aparelhos de controle, não era tanto no zelo que leva a medicina a banir o encanto (e o terror) do nascimento. Eu pensava era na primazia do registro por escrito, sem o qual não teria havido incubadoras nem hospitais. A tecnologia rudimentar, berço de todas as tecnologias, continuava operando ali, diante dos meus olhos, pela mão das enfermeiras. Elas traduziam os vagidos dos bebês em palavras, fazendo conter numa folha de papel os sinais de uma vida ameaçadora e frágil, testemunhando assim o poder confortador de toda palavra escrita.

A graça do começo

Quando a televisão ainda não tinha uma linguagem pronta, e os atores de teleteatro, as garotas-propaganda e os apresentadores não sabiam se comportar frente à câmera, e aconteciam a todo momento imprevistos e falhas de produção, tudo era divertido para o espectador. Primeiro, porque ele nada esperava; depois, porque só tem mesmo graça o que involuntariamente nos diverte. Esse tempo tão curto de balbucio da televisão perdeu-se irremediavelmente depois que ela montou sua gramática. Nem as crianças seriam capazes de restaurá-lo, pois já nasceram vendo televisão, para elas a televisão tornou-se o modo de ver o mundo. Talvez somente uma *câmera cega*, uma televisão operada por cegos de verdade, pudesse restituir, para os que enxergam, um pouco daquela graça, quando as coisas ainda estavam em busca de seus lugares.

O épico de nossa época

Americanos e russos se unem para salvar baleias no Ártico. Eis um episódio *de época*, mostrado na TV, nos anos 80, com toda a sua marca mitológica. Um dos mais primitivos povos da Terra, os esquimós, lança um apelo que mobiliza as potências rivais, com sua técnica, em favor de animais ameaçados de extinção. O pacifismo e a ecologia encontram por fim uma narrativa modelar, que curiosamente inverte os termos da cumplicidade original, quando os animais é que auxiliavam os homens a enfrentar os perigos da natureza.

Mas o que acontece nessa inversão? Se o narrador é aquele que sofre e transforma sofrimento em narrativa, o homem teria se tornado um narrador em segundo grau que expia interminavelmente o sofrimento que causa, tentando em vão reaver uma capacidade épica. Pois mesmo os fatos que poderão se constituir em ameaça à espécie humana daqui por diante, como o "efeito estufa", têm a peculiaridade de serem experiências sofridas de forma gradual, irrisória, como na famosa banheira cuja água fosse aquecendo meio grau a cada meia hora. Não saberíamos a hora de gritar. E gritar seria o épico no mundo da alta tecnologia.

A vida prática

A vida prática se assemelha cada vez mais ao computador. Como há grades por toda parte (*A pantera* de Rilke, na tradução de Augusto de Campos: "grades, apenas grades para olhar"), o simples acesso à casa, por exemplo, requer agora vários comandos ou chaves. Instruções e senhas multiplicam-se para todas as atividades, de trabalho ou lazer: faça isto, faça aquilo, tudo imperativo, tudo organizado demais. Esse furor de codificação invade o âmbito doméstico, sobrecarregado de objetos e instalações, a tal ponto que hoje se gasta mais tempo aparelhando a casa do que usufruindo dela. Isso faz pensar nas formigas, infindavelmente ocupadas com suas provisões. As formigas acabarão por dominar o mundo desta forma: induzindo os humanos, através do computador, a procederem como formigas.

No entanto há algo de admirável nessa faina que sinto como um aguilhão nas minhas costas. Não poder se distrair por um minuto, estar sempre atento ao funcionamento da máquina, estar em permanente estado de manutenção (como a atividade constante de obras e consertos que observo pela cidade), é um exercício de rigor que me priva de dúvidas e devaneios supérfluos, muito embora eu não distinga, nessa atividade que me arrasta, o que é necessário e o que é supérfluo (distinção, aliás, supérflua, pois a vida prática só se preocupa com os afazeres, enquanto a vida teórica verdadeira não se preocupa com essa distinção).

O cérebro

O cérebro foi feito para enlouquecer o homem. Isto porque seu modo de funcionamento, ininterrupto, veloz, multiplicando as experiências possíveis e pressupondo uma circularidade, uma interconexão de todas as partes, tende a fazê-lo obsessivo e autônomo em relação ao real. Se nosso cérebro cresceu em complexidade e alternativas, seus encadeamentos também cresceram em rigor e determinação. Somos compelidos a explorar exaustivamente o que já conhecemos, e apenas durante o sonho relaxamos, desenlouquecemos.

Tai-chi

O que diferencia o tai-chi das outras artes marciais e dos exercícios físicos em geral é a lentidão de seus movimentos. Essa é a primeira dificuldade e a primeira descoberta de quem o pratica. Um gesto lento é muito mais difícil de sustentar que um gesto rápido. Pois a rapidez não é apenas uma característica da habilidade e do atletismo: também os gestos comuns tendem a ser rápidos e a se prolongar uns nos outros irrefletidamente. Contra esse hábito motor, o tai-chi propõe a lentidão como um descondicionamento, como um exercício de atenção e controle muscular redobrados. Não é por ser mais gracioso que se pratica o gesto lento, é por ser mais difícil.

O rio da minha cidade

É por ser largo e por passar ao lado da cidade sem imiscuir-se, sem dividi-la, mas sobretudo por estar voltado para o interior das terras e o poente, que o rio da minha cidade se presta a uma contemplação especial. No seu horizonte se avista só uma linha de terra a separá-lo do céu, e contemplá-lo é entregar-se então ao devaneio de um lado de lá de fora. É também um abrir-se tranqüilo para dentro, como se a alma da cidade fosse ali contemplar-se. Espelho, portanto, e miragem: do invisível que o tempo vai depositando e arrastando, como o rio, a seu lado. Por isso a contemplação do rio não é um simples lazer, mas um hábito profundo da cidade.

Cicatriz

Aqui, onde a ponta da cidade não fere mais o rio, mas se abre a um entardecer tranqüilo em que o burguês e o popular se irmanam como num domingo sem classes, aqui, sobre esta grama e esta areia onde agora as crianças correm e os velhos e os namorados miram com enlevo o pôr-do-sol, aqui, neste mesmo lugar, ergueu-se outrora o famigerado presídio, de cuja imagem guardei as chamas de um incêndio uma noite avistadas e as celas imundas que vim a conhecer mais tarde, quando os presos já haviam sido transferidos. Onde estão agora? Para onde foi o que deixou esta cicatriz aqui?

Cais redescoberto

Nos galpões abandonados do cais, redescubro um pedaço da cidade oculto desde os anos 50, quando ia com meu pai comprar laranjas nos barcos que atracavam. Desobstruídos de entulhos e à luz do sol poente, esses galpões parecem agora animados de uma estranha vida silenciosa. Ouve-se apenas a água do rio batendo nas pedras. Vêem-se paredes carcomidas, janelas sem vidro, restos de trilhos no chão: tudo em ruínas, mas conservadas, limpas. Momento único e breve em que um espaço ressurge do passado sem ter ainda encontrado uma nova utilidade no presente.

Mistério da refração

Um vidro rachado na janela, em linha mais ou menos reta, projeta, ao receber a luz do sol, um reflexo sinuoso e enovelado na parede, que vejo a sombra do meu dedo percorrer enquanto ele desliza pela rachadura. Mistério da refração da luz, que amplifica e distorce os pequenos e invisíveis acidentes de superfície, as alterações mínimas do traçado de um corte. E mistério que só se revela quando calha de um vidro se rachar, quando calha de haver sol, quando calha de se perceber seu reflexo na parede.

Desconcertante

Vejo um olho deformado, olho incompreensível que um defeito de nascença estampou na face de uma garota, olho monstruoso, com tuberosidades no lugar da órbita e uma pálpebra inútil, deslocada, olho cuja deformidade o outro parece ignorar totalmente, pois a garota me olha com uma pureza ainda mais desconcertante.

Rilke

Esse europeu sem pátria, natural de Praga como Kafka, escreve em alemão e em francês, mas com a dicção do português, mistura de profundidade e candura. Dicção de uma criança que sopesasse o mundo — o Menino Jesus de Praga. A palavra de Rilke escoa, rumoreja pelos meandros do sentimento. Permeia tudo e é completamente permeável.

Em algumas passagens dos *Cadernos de Malte*, ele parece tocar a carne viva das coisas, quando abre os olhos para a cidade estrangeira e esta abre suas feridas aos olhos do estrangeiro. Nem Baudelaire pôde ler assim as entranhas de Paris (para isso era preciso ser completamente estrangeiro, como Rilke), vista não só da perspectiva dos que sofrem, mas das próprias coisas desprezadas.

O passarinho e a idéia

E não é que um passarinho pode suscitar uma idéia? Idéia é configuração, ou melhor, mudança de configuração na mente, que percebia um estado de coisas e de repente percebe algo mais. Percebe, por exemplo, um passarinho: ele aparece, pousa na árvore, "futrica a fruta", alça vôo e desaparece. Essa pequena seqüência (que é o núcleo do conto *Os cimos*, de Guimarães Rosa) pode ser vista como pura ilustração da idéia. Não idéia do Pássaro, do Tempo ou da Natureza: idéia simplesmente como mudança de configuração, na qual todos os elementos substanciais percebidos, o pássaro, a fruta, as árvores, a tarde e também o estado mental de quem percebe, sua surpresa, seu encantamento, tudo isso é reconfigurado no aparecimento e desaparecimento sucessivos do passarinho. O lapso entre chegada e partida, entre estar e não estar mais aqui, esse duplo lapso na percepção é que suscita a idéia, que por sua vez germina e frutifica como memória, chamado, nomeação do acontecimento.

À boca da noite

Tentei um poema que começava: "Já não vejo a escarpa no fim da rua. Envelheço, não sei mais o que é uma aventura", e estacava nessa constatação de perda que vem com a idade, no fundo mais preocupado com a perda da capacidade de escrever. Numa tentativa seguinte anotei, com um sentimento ambíguo de queixa e de alívio: "Não me visitam mais os velhos temas, as velhas obsessões cansaram-se de mim", e também não prosseguia satisfatoriamente, a não ser num verso adiante que fala em "deixar-se levar pela mão dos que escrevem versos bons", o que era uma desistência e uma invocação da poesia. Meus versos avulsos não formam um poema, mas não os considero descartáveis. Poderiam eventualmente encontrar uma expressão que os incluísse e articulasse. Pelo menos eu assim acreditava, até deparar com essa expressão já perfeitamente acabada num poema de Drummond, *Versos à boca da noite*. Tudo o que eu queria dizer está dito ali. Podia copiar esse poema, fazê-lo meu. E os versos que escrevi (foi o que pensei para me consolar) terão sido as escoras que me ajudaram a encontrá-lo.

Ao cruzar a rua

Segurar a mão da pessoa amada ao cruzar a rua, em meio aos automóveis e às motocicletas, sentir o calor de sua pele, a leve pressão de seus dedos, e obter de repente a certeza física de um ajustamento à realidade movediça dos fatos e dos afetos. Como se houvesse entre as mãos dadas e em movimento uma pequena concavidade onde o mundo inteiro estivesse contido e protegido por um momento, até as mãos se separarem.

Viagem, espera

O poema é o encontro, numa frase, de uma imagem e de uma emoção. Encontro feliz ainda que signifique tristeza, como neste *tanka* do poeta japonês Udamaro, intitulado, numa tradução inglesa, *My wife in darkness*, e cujos versos dizem mais ou menos isto:

Em viagem, minhas noites
são noites em claro.
Saber-te, amada, tão longe,
sentada no escuro.

Como é feliz, nesse poema, o desdobramento de uma imagem que liga a noite em claro de quem viaja e a noite escura de quem espera! Dois personagens, duas noites, uma só fidelidade.

Aqui não importam as circunstâncias da viagem ou a exatidão da conjetura. O poema, por ser um encontro feliz, é uma outra viagem, uma outra espera.

ESTA OBRA FOI COMPOSTA POR TÂNIA MARIA DOS SANTOS
EM MERIDIEN E IMPRESSA EM OFSETE PELA GRÁFICA BARTIRA
SOBRE PAPEL PÓLEN BOLD DA SUZANO BAHIA SUL
PARA A EDITORA SCHWARCZ EM ABRIL DE 2006